Andrea Hochstra

Lustige Spaßvögel

Laubsägearbeiten mit abbügelbaren Vorlagen

frechverlag

Ein ganz herzliches Dankeschön
an meinen Mann und meine Kinder,
die meine besten Kritiker waren!

Neu gestaltete Auflage von TOPP 2692.

Fotos: frechverlag GmbH, 70499 Stuttgart;
Fotostudio Ullrich & Co., Renningen

Dieses Buch enthält:
4 Vorlagenbogen

Auflage: 5. 4. 3. 2. | Letzte Zahlen
Jahr: 2006 2005 2004 2003 | maßgebend

Druck: frechdruck GmbH, 70499 Stuttgart

ISBN 3-7724-2957-2 · Best.-Nr. 2957

Lustige Spaßvögel

haben in diesem Buch ihren großen Auftritt: Sie stecken in Blumentöpfen und schauen keck zwischen den Pflanzen hervor oder passen gut auf, dass das Bärchen auch wirklich die Wäsche aufhängt. Lachende Drachen schmücken sicherlich auch Ihren Hauseingang und ein Schäfchen macht es sich im Mond gemütlich.

Alle Freunde in diesem Buch lassen sich ganz einfach aus Holz aussägen und anschließend bemalen. Meine Kinder sind das beste Beispiel dafür, dass das Sägen und Bemalen kinderleicht sind. Sie sitzen oft in meiner Werkstatt und schaffen so manches Kunstwerk.

Mit den vielen farbenfrohen Spaßvögeln können Sie prima Haus und Garten bestücken. Oder Sie verschenken mal etwas guten Freunden.

Also, greifen Sie zur Säge und zum Pinsel und fangen einfach an! Sie werden sehen, es macht riesigen Spaß.

Viel Freude beim Werkeln
wünscht Ihnen

Andrea Hochstrat

Material und Werkzeug

- Sperrholz
- Acryllack (glänzend oder seidenmatt)
- Farblose Dickschichtlasur (Klarlack oder Bootslack)
- Schwarzer Lackstift
- Holzleim
- Kraftkleber
- Pinsel
- Rundholzstäbe
- Laubsäge oder Dekupiersäge
- Sägeblätter für Holz
- Bohrmaschine
- Holzbohrer
- Schmirgelpapier (Körnung 120)
- Rundkopfstifte aus Messing

Weitere Materialien wie Nylonfäden, Perlen, Lederbänder usw. sind in den einzelnen Anleitungen angegeben.

DAS HOLZ

Sperrholz besteht aus dünnen Holzplatten, die maserungsversetzt übereinander geleimt sind. Sie bekommen es in verschiedenen Holzarten und unterschiedlichen Stärken.

Alle Sägearbeiten, die draußen ihren Platz finden sollen, müssen aus wasserfest verleimtem Sperrholz hergestellt werden.
Ich verwende für meine Arbeiten ausschließlich Birkenholz (wasserfest verleimt) und habe damit sehr gute Erfahrungen gemacht, da die Maserung sehr fein ist und das Holz eine sehr helle Farbe hat.
Aber natürlich können Sie auch jede andere Holzsorte verwenden.
Sie bekommen Sperrholz in Holzhandlungen, Schreinereien und Baumärkten. Oft gibt es auch preisgünstige Reststücke.

DIE FARBEN

Buntlack

Die in diesem Buch gezeigten Arbeiten sind alle mit Acryllack bemalt worden. Die Farben haben den Vorteil, dass sie wasserlöslich und schadstoffarm sind. Nach dem Trocknen sind sie jedoch wasserfest. Sie lassen sich prima untereinander mischen und man kann schöne Effekte erzielen.
Die Lacke (je nach persönlichem Geschmack seidenmatt oder glänzend) erhält man in Baumärkten, Fachgeschäften für Künstlerbedarf und in kleinen Mengen im Bastelfachhandel.

Lackstift

Die Konturen der Arbeiten tragen Sie mit einem schwarzen Lackstift auf. Er hat den Vorteil, dass er schnell trocknet und lichtbeständig ist.
Leider kann jedoch eine gezeichnete Linie schwer korrigiert werden. Also muss jeder Strich sitzen.
Lackstifte bekommt man im Schreibwarenbedarf oder in Bastelgeschäften.

KLARLACK

Für alle Arbeiten verwenden Sie als abschließenden Anstrich farblose Dickschichtlasur auf Wasserbasis. Auch Bootslack macht die Laubsägearbeiten sehr wasserfest und haltbar.
Es gibt jedoch auch farblose Acryllacke, die Sie je nach Geschmack seidenglänzend oder matt wählen können.

DIE PINSEL

Bei den Pinseln ist es durchaus angebracht, lieber etwas mehr Geld auszugeben und auf Qualität zu achten.
Ich verwende Synthetikhaarpinsel, die im mittleren Preisbereich liegen, jedoch formstabil sind und es somit ermöglichen, gezielte Linien zu malen.

Sie verlieren auch ihre Haare nicht so schnell wie preisgünstigere Pinsel. Bei guter Pflege halten sie sehr lange. Also immer sofort auswaschen und mit dem Pinselkopf nach oben in ein leeres Wasserglas stellen.
Für den Anfang reichen drei Pinsel in den Größen 1, 3 und 5 sowie ein flacher breiter Pinsel Größe 12 völlig aus. Pinsel in großer Auswahl erhalten Sie im Bastelfachhandel.

Tipps, Tipps, Tipps

LEIM

Bei den Gartensteckern wird das Holz an den Rundstab geleimt. Achten Sie darauf, dass der Leim wasserfest ist.

NÄGEL

Verwenden Sie Rundkopfstifte aus Messing, vor allem im Außenbereich, weil diese nicht rosten. Rundkopfstifte gibt es in unterschiedlichen Stärken und Längen. Damit Sie nicht mehrere Packungen mit unterschiedlichen Längen kaufen müssen, können Sie auch längere nehmen und diese dann bei Bedarf mit der Kneifzange kürzen.

RUNDSTÄBE

Rundstäbe aus Buchenholz sind fester und stabiler als z. B. Rundstäbe aus Kiefernholz.
Sie erhalten sie in Baumärkten und im Bastelfachhandel.

DIE LAUBSÄGE

Eine Handlaubsäge kostet nicht viel und es können auch schon kleinere Kinder gut damit umgehen.
Zur Grundausstattung benötigen Sie einen Laubsägebogen und ein Sägetischchen mit einer Schraubzwinge.
Vielleicht möchten Sie sich auch eine Dekupiersäge (elektrische Laubsäge) anschaffen oder Sie können sich eine ausleihen, wodurch die Arbeit natürlich sehr erleichtert wird. Diese Sägen werden in unterschiedlichen Preislagen im Handel angeboten. Beim Kauf sollten Sie darauf achten, dass der Abstand zwischen Sägeblatt und Gehäuse der Säge groß genug ist. Je tiefer er ist, umso größere Teile können Sie aussägen.

SÄGEBLÄTTER

Sägeblätter für Holz erhalten Sie in verschiedenen Stärken.
Dünne Sägeblätter mit feiner Zahnung (Nr. 1) benötigen Sie bei feinen, filigranen Schnitten und dünnem Sperrholz. Bei dickerem Holz wählt man eine gröbere Zahnung. Bei zu feinen Sägeblättern würden die Blätter im dicken Holz schnell reißen. Wählt man jedoch eine zu grobe Zahnung für dünnes Sperrholz, so würde das Holz an der Schnittkante ausreißen.
Probieren Sie es einfach aus.
Ich verwende meistens Sägeblätter in Stärke 3 oder 5.

Schritt für Schritt erklärt

Bitte lesen Sie sich diese Anleitung gut durch, bevor Sie mit einem „Spaßvogel" beginnen!

BOHRMASCHINE UND BOHRER

Kleine Löcher bohren Sie mit einer Bohrmaschine. Legen Sie immer ein Stückchen Abfallholz an der zu bohrenden Stelle unter das Werkstück, damit das Holz auf der Rückseite nicht ausreißt. Holzbohrer gibt es in den Stärken 4 mm bis 14 mm Durchmesser. Für noch kleinere Löcher können Sie auch einen Metallbohrer verwenden.

SCHMIRGELPAPIER

Ich verwende Schmirgelpapier mit der Körnung 120 bis 160. Sie erleichtern sich auch hier die Arbeit mit einem elektrischen Schwingschleifer für die großen Flächen. Die Kanten glätten Sie mit einem Holzklötzchen, um das Sie Schmirgelpapier wickeln.

VORLAGEN ÜBERTRAGEN

Glätten Sie zuerst die Vorder- und Rückseite des Holzstücks, das Sie aussägen wollen. Nehmen Sie dazu Schmirgelpapier. Übertragen Sie dann die Vorderseite der einzelnen Arbeiten. So erhalten Sie die Umrisslinien samt Innenkonturen. Diese lassen sich einfach auf das Holz abbügeln. Schneiden Sie hierzu die Bügelvorlage aus und legen Sie sie mit der bedruckten Seite nach unten auf das Holz. Dann setzen Sie das Bügeleisen kurz auf und testen durch Anheben einer Ecke des Vorlagenbogens, ob genügend Farbe übertragen wurde. Wenn nicht, wiederholen Sie diesen Vorgang. Bitte bewegen Sie das Bügeleisen nicht kreisend, sonst löst sich die Farbe schnell auf und die Motivvorlage wäre nur ein- bis zweimal zu benutzen.

MOTIV AUSSÄGEN

Schrauben Sie das Sägeblatt auf einer Seite zwischen den Klemmbacken fest. Achten Sie darauf, dass die Sägezähne vom Sägebogen weg und nach unten zeigen. Dann drücken Sie den Bogen der Säge etwas zusammen und schrauben die andere Seite des Sägeblattes fest. Nun ist das Sägeblatt gespannt.
Schrauben Sie jetzt das Sägetischchen mit einer Schraubzwinge an der Arbeitsplatte fest. Das Tischchen ermöglicht freies Arbeiten, ohne dass Sie Angst haben müssen, die Arbeitsplatte zu beschädigen.
Legen Sie das Sperrholz auf das Sägetischchen und halten Sie es mit einer Hand fest. Die andere Hand führt die Säge senkrecht von oben nach unten durch das Holz. Jedoch nicht zu sehr nach vorne schieben. Dann wieder locker aufwärts führen. So verfahren Sie immer weiter. Schon bald werden Sie das richtige Gespür für das Sägen bekommen.
Bei sehr engen Kurven sägen Sie auf der Stelle

und drehen das Holz in die gewünschte Richtung. Auf gar keinen Fall die Säge in die neue Richtung drehen, da sich sonst das Sägeblatt verdrehen und reißen würde. Sie können auch in sehr spitzen Winkeln ein kleines Loch vorbohren. Bei Dekupiersägen erhalten Sie eine saubere Schnittkante, wenn Sie Presspappe unter das Holz legen.

BOHREN UND SCHMIRGELN

Nehmen Sie die notwendigen Bohrungen vor und denken Sie daran, immer ein Stückchen Abfallholz unter das Werkstück zu legen, damit die Bohrung nicht ausfranst. Runden Sie nun die Außenkanten mit Schmirgelpapier etwas ab.
Mit einem weichen Lappen müssen Sie alle Holzteile entstauben.

KONTUREN DER RÜCKSEITE ÜBERTRAGEN

Ist die Vorder- und Rückseite unterschiedlich, gibt es auch unterschiedliche Vorlagen zum Abbügeln. Bügeln Sie nun auf die entstaubten Holzteile die Rückseiten-Vorlage.
Die Vorlagen lassen sich bis zu zehnmal abbügeln.

GRUNDIEREN

Alle Teile grundieren Sie jetzt mit verdünntem (!) weißen Acryllack (Verhältnis: 1 Teil Wasser auf 2 Teile Lack). Dadurch werden die fertigen Werke haltbarer und die Farben des zweiten Malarbeitsganges leuchten besonders schön.
Bemalen Sie zuerst die Ränder und dann die Vorder- und Rückseite. Nachdem die Grundierung getrocknet ist, können Sie die aufgebügelten Konturen wieder deutlich erkennen.

BEMALEN

Mit buntem Lack bemalen Sie jetzt die Holzteile von vorne und hinten. Immer zuerst die Ränder, dann können diese auch nicht vergessen werden. Versuchen Sie auch ruhig mit einer anderen Farbe in die feuchte Farbe zu malen. Dadurch entstehen oft schöne Effekte.
Dieser Anstrich muss wieder gut trocknen, am besten über Nacht.
Eilige können auch mit dem Föhn nachhelfen!

KONTUREN

Mit dem Lackstift zeichnen Sie die aufgebügelten Konturen nach.
Dann wird das fast fertige Werk nur noch einmal mit farbloser Dickschichtlasur überzogen, damit es haltbar, schmutz- und staubabweisend wird und einen schönen Glanz erhält.

Herzlich willkommen!

Material

- Sperrholz, 6 mm stark, 38 cm x 36 cm
- Rundstab, 12 mm ø, ca. 50 cm
- Acryllack in beliebigen Farben
- Lackstift (edding 751 in Schwarz)
- Dickschichtlasur, farblos
- Rundkopfstifte aus Messing, 1,4 mm x 13 mm

Anleitung

Arbeiten Sie den Stern nach dem gleichen Prinzip, wie die Vogelscheuchen auf Seite 12/13.
An einem Ende flachen Sie den Rundstab ca. 3 cm ab, um den Stern dann daran anzuleimen.
Nach dem Schmirgeln bügeln Sie die Konturen für die Rückseite ab.
Grundieren und bemalen Sie den Stern.
Zeichnen Sie mit dem Lackstift vorsichtig die Konturen und die Schriftzüge nach.
Abschließend versiegeln Sie das Werkstück mit der Dickschichtlasur.

Herzlich
Willkommen
Hallo

Bitte anklopfen!

TÜRSCHILD FÜR DAS KINDERZIMMER

Material
- Sperrholz, 6 mm stark, 20 cm x 15 cm
- Sperrholz, 4 mm stark, 7 cm x 11 cm
- Acryllack in beliebigen Farben
- Lackstift (edding 780 in Schwarz)
- Dickschichtlasur, farblos
- Lederband in beliebiger Farbe, ca. 15 cm
- Rundkopfstifte aus Messing, 1 mm x 10 mm
- Bohrer, 3 mm
- Kraftkleber

TÜRSCHILD FÜR DAS „STILLE ÖRTCHEN"

Material
- Sperrholz, 6 mm stark, 20 cm x 15 cm
- Sperrholz, 4 mm stark, 7 cm x 13 cm
- Acryllack in beliebigen Farben
- Lackstift (edding 780 in schwarz)
- Dickschichtlasur (farblos)
- Rundkopfstifte aus Messing, 1 mm x 10 mm
- Lederband in beliebiger Farbe, ca. 15 cm
- Bohrer, 3 mm
- Kraftkleber

Anleitung

Arbeiten Sie genauso, wie bei dem Türschild „Lustige Spaßvögel" (Anleitung Seite 28). Wenn Sie beide Teile bemalt haben, zeichnen Sie die Konturen nach und beschriften das Schild.
Jetzt können Sie den Bären auf das Schild kleben und mit drei Rundkopfstiften fixieren.
Mit der Dickschichtlasur versiegeln Sie das Schild. Das Lederband ziehen Sie durch die zwei Löcher am oberen Schildrand und verknoten die Enden jeweils von vorne.

Lisa
WC

Fritz Vogelscheuche und seine Freunde

Material

- Sperrholz, 6 mm stark, große Vogelscheuche: 35 cm x 38 cm, kleine Vogelscheuche: 23 cm x 26 cm
- Acryllack in beliebigen Farben
- Lackstift (edding 751 in Schwarz)
- Dickschichtlasur, farblos
- Rundstab, 8 mm ø, 30 cm (kleine Vogelscheuche), 12 mm ø, 40 cm (große Vogelscheuche)
- 3–5 Rundkopfstifte aus Messing, 1 mm x 10 mm (kleine Vogelscheuche), 1,4 mm x 13 mm (große Vogelscheuche)
- Holzleim

Anleitung

Schmirgeln Sie die Vorder- und Rückseite des Sperrholzstücks gründlich ab. Danach die Kanten schmirgeln. Mit dem Bügeleisen übertragen Sie dann die Konturen für die Rückseite. Um den Rundstab an der Vogelscheuche befestigen zu können, muss dieser an einer Seite abgeflacht werden. Hierzu sägen Sie die Kopfseite des Stabes ca. 2 cm tief ein und entfernen dann vorsichtig die eine Hälfte des geteilten Stabes.
Streichen Sie etwas Holzleim auf die abgeflachte Stelle und nageln Sie danach die Vogelscheuche an der dafür vorgesehenen Markierung an den Stab.
Jetzt grundieren Sie die Vogelscheuche mit verdünntem weißen Acryl-

lack. Ist der Lack getrocknet, können Sie mit der Bemalung beginnen, da die aufgebügelten Konturen trotz weißer Grundierung noch gut zu erkennen sind.
Den blauen Hut (oder die Hose) schattieren Sie ein wenig, indem Sie mit dem Pinsel etwas weiße Farbe aufnehmen und über den frisch blau bemalten Hut streichen. Wird er zu weiß, tragen Sie einfach wieder etwas Blau auf, so wie es Ihnen gefällt (siehe Foto).
Ebenso verfahren Sie bei den Haaren. Gehen Sie hier mit gelber und roter Farbe in das Braun hinein. Die kleinen Vogelscheuchen werden genauso gearbeitet.
Lassen Sie nach dem Bemalen die Farben gut trocknen. Erst dann kann man mit dem schwarzen Lackstift die Konturen nachzeichnen.
Zum Schluss wird die Vogelscheuche samt Stab mit Dickschichtlasur lackiert. Vergessen Sie auch nicht die Kanten!

„Ich mach's mir im Mond gemütlich!"

Material

- Sperrholz, 4 mm stark, 42 cm x 42 cm
- Acryllack in verschiedenen Farben
- Dickschichtlasur, farblos
- Lackstift (edding 751 in Schwarz)
- Nylonfaden, 0,3 cm ø
- Bohrer, 1,5 mm

Anleitung

Sägen Sie die vier Sterne und den Mond aus. Danach müssen Sie die Löcher bohren und die Kanten der Einzelteile gründlich schmirgeln.

Nach dem Transferieren der Rückseite des Mondes grundieren Sie alle Werkstücke mit weißer Farbe und bemalen diese dann. Orientieren Sie sich an der Abbildung. Mir gefällt es immer besonders gut, wenn der Mond nach außen hin dunkler wird. Dazu male ich Rot in die noch feuchte gelbe Farbe und lasse das dadurch entstehende Orange langsam ins Gelb übergehen.
Bei den Sternen können Sie genauso vorgehen. Das Schäfchenfell können Sie mit etwas Blau schattieren.
Lassen Sie die Farben gut trocknen und zeichnen dann mit dem Lackstift die Konturen nach.
Mit der Dickschichtlasur versiegeln Sie alle Teile und fädeln die Sterne mit dem Nylonfaden an den Mond.

Stacheliges mit Pilzen

Material

- Sperrholz, 6 mm stark, 16 cm x 18 cm (Pilze), 11 cm x 13 cm (Igel), 16 cm x 15 cm (Igel mit Apfel)
- 3 Rundstäbe, 8 mm ø, 20 cm
- Acryllack in verschiedenen Farben
- Lackstift (edding 751 in Schwarz)
- Dickschichtlasur, farblos
- Rundkopfstifte aus Messing, 1 mm x 10 mm

Anleitung

Arbeiten Sie den Igel und die Pilze nach dem gleichen Prinzip wie die Vogelscheuchen (Seite 12/13).

Bemalen der Stecker:
Für die Pilzköpfe habe ich braunen mit rotem Acryllack gemischt.
Mit Weiß können Sie an manchen Stellen aufhellen. Malen Sie hierzu mit etwas Weiß in die frische braune Farbe um einen Verlauf der Farben zu erzielen. Es wirkt gut, wenn Sie die Ränder der Pilze dunkler malen. Dadurch sehen sie plastischer aus.
Für die Stiele der Pilze können Sie dann Weiß mit Gelb mischen und vielleicht hin und wieder ein wenig Braun einfließen lassen.
Die Stacheln der Igel sollten auch unterschiedliche Schattierungen erhalten. Dann sieht es auf keinen Fall langweilig aus.

Witziges zum Anhängen und Anstecken

ANSTECKER

Material

- Sperrholz, 4 mm stark, 5 cm x 6 cm (Schnecke), 5,5 cm x 7 cm (Maiskolben), 5 cm x 6 cm (Kürbis)
- Acryllack in verschiedenen Farben
- Lackstift (edding 780 in Schwarz)
- Dickschichtlasur, farblos
- Anstecknadeln, 2,5 cm lang
- Heißkleber

Anleitung

Zum Bemalen dieser Anstecker brauchen Sie einen besonders guten Pinsel mit einer präzisen Spitze. Doch die Mühe lohnt sich, denn solche persönlichen Anstecker kann man nirgendwo kaufen.
Nach dem Übertragen der Konturen, Sägen und Grundieren, bemalen Sie die Anstecker. Lassen Sie die Farben trocknen und zeichnen Sie mit dem Lackstift die Konturen nach. Dann schreiben Sie einen Namen darauf und bestreichen den Anstecker mit Dickschichtlasur.
Zum Schluss kleben Sie mit der Heißklebepistole die Anstecknadel an.

SCHLÜSSEL-ANHÄNGER

Material für einen Anhänger

- Sperrholz, 8 mm stark, 4 cm x 6 cm
- Acryllack in verschiedenen Farben
- Lackstift (edding 780 in Schwarz)
- Dickschichtlasur, farblos
- Farbiges Lederband, 30 cm
- 2 farbige Holzperlen, 8 mm ø
- 1 kleine Ringschraube
- Bohrer, 1,5 mm
- Kraftkleber

Anleitung

Übertragen Sie die Konturen vom Vorlagenbogen und sägen Sie den Schlüsselanhänger aus. Kanten schmirgeln. Dann bohren Sie vorsichtig zwei Löcher für die Lederbänder (Beine) 0,5 cm tief in den Körper und ein Loch von oben in den Kopf.
Grundieren und bemalen Sie den Anhänger und zeichnen Sie nach dem Trocknen die Konturen mit dem Lackstift nach.
Mit Dickschichtlasur bekommt der Schlüsselanhänger noch den nötigen Glanz.
Dann kleben Sie jeweils 2 cm des Lederbändchens als Beine in die vorgebohrten Löcher. Ans Ende der Beine kleben Sie die Holzkugeln. Dann schrauben Sie die Ringschraube in das vorgebohrte Loch in den Kopf und ziehen das restliche Lederband durch die Schraube. Verknoten und fertig.

Rieke
Nico
Svenja

An der Wäscheleine

Beschreibung Seite 22

An der Wäscheleine

Abbildung Seite 20/21

Material

- Sperrholz, 6 mm, stark,
  60 cm x 20 cm (Wäscheleine),
  18 cm x 12 cm (Bär),
  13 cm x 8 cm (Korb)
- Acryllack in verschiedenen Farben
- Lackstift (edding 751 in Schwarz)
- Dickschichtlasur, farblos
- Nylonfaden, 0,3 cm ø
- Bohrer, 1,5 mm

Anleitung

Sägen Sie alle Teile aus und bearbeiten Sie sie vorsichtig mit Schmirgelpapier. Nach dem Aufbügeln der Konturen für die Rückseite, grundieren Sie alles, bemalen das Werkstück und zeichnen nach dem Trocknen mit einem Lackstift die Konturen nach. Versiegeln Sie es mit Dickschichtlasur. Mit dem Nylonfaden hängen Sie den Bären und seinen Korb unter die Leine.

Spaßige Vögel

Material für einen Vogel

- Sperrholz, 6 mm stark, 12 cm x 20 cm
- Rundstab, 8 mm ø, 20 cm
- Acryllack in verschiedenen Farben
- Lackstift (edding 751 in Schwarz)
- Dickschichtlasur, farblos
- Rundkopfsifte aus Messing, 1 mm x 10 mm

Anleitung

Verfahren Sie genauso, wie bei den Vogelscheuchen auf Seite 12/13.
Auch diese Vögel sind recht schnell bemalt und machen jeden Blumentopf zu einem individuellen und außergewöhnlich schönen Geschenk.

Originell aufbewahrt

Material

- 1 Fotokiste
- Sperrholz, 4 mm stark, 21 cm x 15 cm
- Acryllack in verschiedenen Farben
- Lackstift (edding 780 in Schwarz)
- Dickschichtlasur, farblos
- Kraftkleber

Anleitung

Bügeln Sie das Motiv vom Vorlagenbogen auf das geschmirgelte Sperrholz und sägen sie es aus. Glätten Sie die Kanten und grundieren sie das Werkstück. Nachdem der Lack getrocknet ist, können Sie mit dem Bemalen beginnen. Ich habe zuerst die Motive auf den Holzfotos gemalt. Zum Schluss kann man mit weißer Acrylfarbe die Ränder begradigen. Jetzt können Sie das getrocknete Werkstück einfach auf den Deckel der Fotokiste kleben.
Mit einigen persönlichen Fotos wird diese Kiste zu einem ganz besonderen Geschenk.

Fotos
Fotos

Lachende Drachen

Material

- Sperrholz, 6 mm stark, 19 cm x 13 cm (Drachen), 17 cm x 15 cm (Blatt)
- Acryllack in verschiedenen Farben
- Rundstab, 6 mm ø, ca. 15 cm–25 cm
- Lackstift (edding 751 in Schwarz)
- Dickschichtlasur, farblos
- Bast in Natur
- Rundkopfstifte aus Messing, 1 mm x 10 mm
- Holzbohrer, 3 mm und 6 mm

Anleitung

Sägen Sie den Drachen, das Blatt und die Schleifen aus. In den Drachen bohren Sie mit dem Bohrer (3 mm) in die gekennzeichneten Stellen jeweils ein Loch.
Nach dem Schmirgeln der Kanten nageln Sie den Drachen an den Rundstab, der oben etwas abgeflacht werden muss (siehe Beschreibung „Fritz Vogelscheuche" auf Seite 12).

Für den Rundstab bohren Sie ein Loch mit dem 6 mm-Bohrer in das Blatt. Leimen Sie beides zusammen und bemalen Sie alle Teile.
Nach dem Trocknen können Sie die Konturen nachzeichnen und die Dickschichtlasur auftragen.
An ein Stück Naturbast knoten Sie die einzelnen Schleifen an und hängen sie an den Drachen.
Wickeln Sie ein wenig Bast um zwei Finger und schneiden dann die Enden auf. Diese Bastbüschel knoten Sie dann rechts, links und oben an den Drachen.

Lustige Spaßvögel

Material

- Sperrholz, 6 mm stark, 30 cm x 30 cm
- Acryllack in verschiedenen Farben
- Lackstift (edding 780 in Schwarz)
- Dickschichtlasur, farblos
- Braunes Lederband
- Bohrer, 3 mm

Anleitung

Übertragen Sie die Konturen dieses lustigen Türschildes auf das Sperrholz und sägen Sie die einzelnen Teile aus. Jedes Familienmitglied bekommt seinen eigenen Apfel.

Für den Innenausschnitt im Blattwerk bohren Sie zuerst ein Loch in das auszusägende Holz. Dann lösen Sie das Sägeblatt auf einer Seite, führen das Blatt durch das Bohrloch und spannen es wieder in die Säge ein. Haben Sie die innere Kontur ausgesägt, verfahren Sie wieder genauso: Sägeblatt lösen, vorsichtig die Säge vom Werkstück trennen und das Blatt erneut wieder einspannen und festschrauben.

Bohren Sie jetzt die einzelnen Löcher, an den in der Vorlage gekennzeichneten Stellen. Denken Sie daran, ein Stückchen Restholz unter die zu bohrende Stelle zu legen, damit die Bohrlöcher nicht ausreißen.

Nach dem Schmirgeln der Kanten und Entstauben der einzelnen Teile, folgt das Grundieren und Bemalen der einzelnen Teile entsprechend der Abbildung. Den Stamm können Sie noch mit Rot und Gelb schattieren.

Das Blattwerk kann auch mit Gelb und Weiß lebhafter gestaltet werden.

Wenn die Farbe getrocknet ist, bestreichen Sie auch die Rückseite noch einmal in Weiß. Durch mehrere Anstriche ist das Holz besser vor Witterungseinflüssen geschützt.

Mit dem Lackstift zeichnen Sie die Konturen nach und beschriften dann Ihr Schild mit den gewünschten Namen.

Damit Sie auch wirklich lange Freude an Ihrem neuen Türschild haben, überziehen Sie alle Einzelteile noch von allen Seiten mit der Dickschichtlasur.

Mit dem Lederbändchen knoten Sie die einzelnen Äpfel in verschiedenen Höhen unter den Stamm.

hmidt
Uwe
Tom
Kai

Weihnachten ist nicht mehr weit

Anleitung Seite 32

Weihnachten ist nicht mehr weit

Abbildung Seite 30/31

JETZT KOMM' ICH MAL AUF DEM KAMEL

Material

- Sperrholz, 6 mm stark, 23 cm x 24 cm
- Rundstab, 10 mm ø, 35 cm
- Acryllack in verschiedenen Farben
- Lackstift (edding 751 in Schwarz)
- Dickschichtlasur, farblos
- Rundkopfstifte aus Messing, 1 mm x 10 mm

Anleitung

Nachdem Sie die Holzfläche geglättet haben, übertragen Sie die Vorlage auf das Sperrholz. Auf die Rückseite die Vorlage für die Rückseite aufbügeln. Die Kanten abschmirgeln. Dann nageln Sie das Werkstück an den Rundstab (siehe Beschreibung „Fritz Vogelscheuche" auf Seite 12).
Grundieren Sie das Teil mit verdünnter weißer Acrylfarbe und lassen Sie diese gut trocknen. Die aufgebügelten Konturen scheinen durch die weiße Farbe hindurch.
Dann bemalen Sie zuerst das Kamel und anschließend den Weihnachtsmann. Nach erneutem Trocknen können Sie die Konturen mit dem Lackstift nachzeichnen.
Mit der Dickschichtlasur versiegeln Sie dann nicht nur den Weihnachtsmann und sein Kamel, sondern auch den Rundstab.

LIEBE ENGEL

Material

- Sperrholz, 6 mm stark,
  9,5 cm x 9,5 cm (Bodenplatte),
  17,5 cm x 12,5 cm (Engel),
  2 x 4,5 cm x 8,5 cm (halber Stern)
- Rundstab, 3 mm ø, ca. 9 cm
- Acryllack in verschiedenen Farben
- Dickschichtlasur, farblos
- Lackstift (edding 780 in Schwarz)
- Rundkopfstifte aus Messing, 1 mm x 10 mm
- Bohrer, 3 mm
- Kraftkleber

Anleitung

Sägen Sie nach dem Aufbügeln der Vorlage alle Teile aus und schmirgeln Sie die Ränder glatt.
Nun die Rückseite des Engels aufbügeln.
In die Hand des Engels und in den kleinen Stern bohren Sie an den gekennzeichneten Stellen 0,5 cm tief je ein Loch , in das Sie dann den Rundstab leimen.
Grundieren und bemalen Sie alle Teile. Zeichnen Sie mit dem Lackstift die Konturen nach und versiegeln Sie alles mit Dickschichtlasur.
Die halben Sterne kleben Sie dann so auf die Bodenplatte, dass man den Engel zwischen die Sternhälften klemmen kann. Mit den Rundkopfstiften nageln Sie die halben Sterne fest.